MÉMOIRE

SUR

LE NUMÉRAIRE A LA MARTINIQUE

SON INTRODUCTION ET SA CIRCULATION

Adressé à S. E. M. le Ministre de la Marine et des Colonies

Par M. JOUQUE

VICE-PRÉSIDENT DU COMITÉ INDUSTRIEL, AGRICOLE ET COMMERCIAL ET AU NOM DE CE COMITÉ

PARIS

IMPRIMERIE ET LIBRAIRIE JULES BOYER

11, RUE NEUVE-SAINT-AUGUSTIN, 11

—

1876

MÉMOIRE

SUR

LE NUMÉRAIRE A LA MARTINIQUE

SON INTRODUCTION ET SA CIRCULATION

Adressé à S. E. M. le Ministre de la Marine et des Colonies

Par M. JOUQUE

Vice-Président du Comité industriel, agricole et commercial et au nom de ce Comité.

Nous allons dire en quelques mots l'histoire du numéraire à la Martinique, en constatant qu'à toutes les époques et sous tous les régimes, notre Colonie a souffert de l'insuffisance des capitaux et de la rareté du numéraire.

Nous dirons ensuite qui doit lui procurer ce numéraire indispensable à son commerce et à ses relations en général.

Nous chercherons enfin comment et par quels moyens on peut arriver à le maintenir dans la circulation.

I

DU NUMÉRAIRE

De tout temps la monnaie a été rare à la Martinique. Pour l'y maintenir on avait été obligé de la surhausser. Dès 1666, la monnaie française y avait été introduite. Mais comme elle passait dans l'île pour la valeur qu'elle avait en France, elle y était portée en très-petite quantité et n'y restait pas longtemps.

Pour remédier à ce mal, la Colonie fut dotée, en 1671, d'une monnaie locale Les liards et les sous de France continuèrent à y avoir cours, mais les sous au lieu de valoir douze deniers comme en France, en valaient dix-huit.

A plusieurs reprises, 1722, 1805, 1817, on a voulu ramener le taux de la monnaie coloniale au taux de la monnaie française, toujours sans succès. L'ordonnance du 30 Août 1826, en faisant disparaître la livre coloniale, assigna au doublon sa valeur intrinsèque de 81 fr. 51 c. On espérait ainsi, en ramenant la monnaie étrangère à sa valeur réelle, maintenir dans la circulation la monnaie française, mais celle-ci fuyait toujours et était constamment exportée. La force des choses ramena le surhaussement des monnaies et le surhaussement du change, et l'ordonnance royale de 1827 consacra, d'une manière légale, ce surhaussement en donnant au doublon une valeur de 86 fr. 40 c.

Cependant, il faut le reconnaître, ce surhaussement de la monnaie n'a pas toujours été un moyen infaillible de la conserver.

Quand un pays est purement agricole et n'a d'autres ressources pour alimenter son commerce que les produits de sa terre, il souffre si les produits ne sont pas en rapport avec les dépenses. C'est ce qui a lieu chez nous toutes les fois que le prix du sucre ne répond pas aux dépenses de culture et de fabrication, ou que les produits se trouvent diminués par des sécheresses excessives, comme dans les trois dernières années qui viennent de s'écouler. L'habitant souffre alors dans sa vie matérielle et dans son honneur; il ne peut satisfaire à ses engagements. Le commerçant, de son côté, ne pouvant effectuer ses remises en denrées, parce qu'elles sont insuffisantes, a recours à l'exportation du numéraire pour y faire face. La balance commerciale pèse ainsi de tout son poids sur la situation générale et monétaire du pays, et la gêne est partout.

A ces embarras, trop souvent renouvelés, est venue s'ajouter la crise politique et commerciale de 1848. Grave pour la France, elle ne pouvait manquer de s'étendre à ses Colonies. Les conséquences pour celles-ci devaient s'y faire d'autant plus sentir que l'émancipation des esclaves changeait brusquement les conditions de la production.

Le travail, de gratuit qu'il était, devenait salarié. Cette transformation nécessitait et nécessite encore des paiements fractionnés par semaine et par mois, que le grand nombre de bras attachés aux exploitations coloniales rend très-multipliés.

Dès lors tout ce qui pouvait contribuer à ranimer les affaires, à encourager la culture et le commerce, à faciliter les échanges, avait un caractère d'utilité et d'urgence méritant au plus haut point la sollicitude des pouvoirs métropolitains.

Les Colons l'avaient compris ainsi et demandaient la création, dans leur sein, d'établissements de crédit comme un des moyens les plus efficaces de conjurer le mal.

La Métropole répondit à leur demande, et l'art. 7 de la loi du 30 avril 1849, relative à l'indemnité coloniale, décida que sur la rente de six millions affectée au paiement de cette indemnité, on préléverait un huitième pour servir à l'établissement de banques de prêt et d'escompte.

En exécution de cette disposition législative, les banques coloniales furent créées par la loi du 11 juillet 1851.

Celle de la Martinique commença à fonctionner en janvier 1853. C'était pour notre Colonie une création nouvelle qui était appelée à introduire de profondes modifications dans ses habitudes et dans ses usages commerciaux.

La Banque allait tracer des règles plus étroites et établir des principes qui s'écartaient un peu des facilités et des tolérances que le temps et les anciennes ordonnances avaient consacrées parmi nous.

N'avons-nous pas vu, en effet, au début de son fonctionnement, se manifester une grande hésitation à s'en servir, une réserve extrême à l'utiliser comme instrument d'escompte? On continuait à employer les courtiers de commerce de préférence, on ne voulait pas renoncer à des habitudes immémoriales, à ce point que la Banque était obligée de solliciter des valeurs pour ses escomptes et qu'elle dédommageait des courtiers pour s'en procurer. Les maisons importantes de notre place éprouvaient une grande répugnance à déposer leurs espèces dans les coffres de cet établissement; elles craignaient de dévoiler leur encaisse et d'en faire connaître l'importance ; elles s'abstenaient de prendre des comptes courants : mode de comptabilité si simple, si sûr et si avantageux, que bien des esprits éclairés repoussaient alors comme inutiles, et qui a été reconnu depuis une économie, une sécurité et une nécessité dont personne ne voudrait se passer aujourd'hui.

Combien depuis lors les idées se sont modifiées ! Que de services la Banque n'a-t-elle pas rendus? Que de positions n'a-t-elle pas sauvées? Qui pourrait actuellement en contester l'utilité ?

La Banque fonctionna dès l'origine avec les monnaies étrangères surhaussées. Le doublon et ses fractions à 86 fr. 40 c.; les aigles américaines de vingt, dix et cinq dollars à 108 francs, 54 francs et 27 francs; le dollar lui-même et ses subdivisions à 5 fr. 40 c. Quant à l'or et à l'argent français, ils étaient toujours fort rares. Non-seulement le commerce les recherchait pour ses remises en France; mais encore ils obtenaient toute préférence sur le sucre comme paiement plus prompt et plus sûr.

Le travail avait diminué et les importations tendaient toujours à excéder les exportations. C'était la conséquence de la liberté des noirs. L'homme libre consomme plus que l'esclave, surtout sur un sol qui assure son existence à peu de frais et le dégage de tout souci de l'avenir.

Comme moyen de remise, l'indemnité provenant de l'émancipation s'était épuisée sans avoir satisfait les besoins du commerce, et la balance commerciale subsistait toujours.

Le Gouverneur qui administrait alors la colonie, sans tenir compte du passé, crut avoir trouvé, dans l'ardente activité de son intelligence, un remède à la situation. Selon lui, la surhausse du doublon et des monnaies étrangères était la vraie cause de la disparition de la monnaie française : en supprimant cette cause, celle-ci devait nécessairement reprendre sa place dans la circulation. Les principes des économistes fermentaient dans son esprit, où notre balance commerciale n'était qu'une chimère et il espérait voir se réaliser dans notre petite île, dont la seule production est le sucre, les données de la science applicables aux grands pays d'Europe!

Le Gouverneur entreprit donc son œuvre de réforme monétaire; et, malgré la résistance qu'il rencontra dans le Conseil qui administrait alors la Banque, et surtout dans l'honorable indépendance de son Directeur, il triompha. Un décret du 23 avril 1855 prononça la démonétisation des monnaies étrangères aux Antilles, après un délai de six mois à partir de sa publication.

Néanmoins on comprit que cette démonétisation allait occasionner une crise monétaire dangereuse dans une Colonie où la monnaie française n'existait que dans les caisses du Trésor. L'encaisse de la Banque ne se composait que de monnaies étrangères. Aussi le décret autorisa-t-il le Gouverneur à mettre en circulation, comme moyen transitoire, en attendant que la circulation espérée de la monnaie française fût vérifiée, des *bons de caisse* qui étaient représentés par des monnaies nationales mises en réserve dans la Caisse coloniale pour une somme égale aux émissions de papier.

Ces *bons de caisse* devaient être remboursés dans un délai de trois ans à partir de la promulgation du décret.

Le moyen fut employé, et des bons de un franc, deux francs, cinq francs et dix francs furent mis en circulation, avec cours forcé dans les paiements entre particuliers et dans les caisses publiques.

Disons, en passant, que cette démonétisation, élaborée également en vue de notre Colonie de la Réünion, ne lui a heureusement jamais été appliquée, et constatons de plus que, dans une création nouvelle, la Banque de l'Indo-Chine, on a reconnu la nécessité d'admettre les monnaies étrangères dans la composition de son encaisse et dans la circulation, même à l'égard du Trésor.

La Banque ne pouvait composer son encaisse seulement en ces *bons de caisse* qui n'étaient pas en quantité suffisante, et dont elle avait d'ailleurs besoin pour le remboursement de ses billets. Le pouvoir métropolitain l'autorisa à y comprendre aussi les doublons pour leur valeur intrinsèque de 81 fr. 51 c. ; et, à l'aide de cette tolérance, elle put continuer à fonctionner.

Mais cette tolérance eût été insuffisante, si un autre secours ne lui fût venu d'ailleurs. Pour protéger son encaisse par la fourniture de traites au commerce, l'établissement de crédit dont elle avait besoin pour cela lui manquant, elle trouva cet auxiliaire, avec l'aide et l'assistance du pouvoir métropolitain, tout à la fois à la Caisse des dépôts et consignations de Paris et à la Banque de France. Le premier établissement recevait, en garantie des avances qu'il faisait, une partie des titres de rente que notre Banque possède, et les sommes avancées étaient versées au second qui, moyennant cette provision, autorisait notre Banque à tirer sur lui pour pareille somme. Notre établissement de crédit obtenait, par ce moyen, la faculté de fournir des traites dans la morte-saison, et diminuait ainsi l'exportation du numéraire. Mais cette ressource était encore insuffisante. L'avis d'un tirage publié dans ses bureaux n'était pas plus tôt connu que les demandes en excédaient bien vite l'importance.

La démonétisation du doublon et du numéraire étranger n'avait donc rien produit de ce qu'on en espérait : la monnaie française était toujours aussi rare, et plus que jamais on la recherchait pour l'exportation.

Il fallait cependant sortir d'une situation qui exposait la Banque à un danger permanent, qu'une réduction dans les produits de l'île ou une diminution dans les prix pouvait faire éclater d'un moment à l'autre.

C'est alors que le pouvoir métropolitain, justement préoccupé de cette situation pour notre établissement de crédit, lui offrit d'établir des relations avec le Comptoir d'Escompte de Paris comme moyen de satisfaire aux remises du commerce et de protéger son encaisse.

Dans cette nouvelle position, la Banque n'aurait plus eu de crainte pour son numéraire qui aurait pu même s'accroître successivement. Mais les incessantes demandes en remboursement de billets par le Trésor lui créent un danger constant que ses exigences d'aujourd'hui rendent encore plus imminent.

Bien plus la Métropole, qui alimentait notre Colonie, chaque année, de numéraire en quantité suffisante pour alimenter tous ses services locaux, n'en envoie plus et impose par là à notre Banque la charge de l'introduire à sa place.

Ainsi, aux difficultés que la Banque éprouve à fournir, à bureau ouvert, des remises au commerce pour l'excédant des importations sur les exportations, s'ajoutent encore les embarras causés par les remboursements demandés par le Trésor et auxquels elle ne peut satisfaire qu'en faisant venir de France, à grands frais, du numéraire qui ne fait que passer, sans aucun profit pour elle, de ses caisses dans celles du Trésor.

Cette nouvelle et lourde charge d'introduire ici le numéraire, qu'on voudrait faire peser sur notre établissement de crédit, et qui a de si fâcheuses conséquences sur le mouvement général des affaires, nous amène à examiner le second point de notre travail.

II

DE L'INTRODUCTION DU NUMÉRAIRE A LA MARTINIQUE.

Par qui le numéraire doit-il être introduit dans notre Colonie ?

Evidemment par l'Etat, pour les mêmes causes, les mêmes nécessités, les mêmes devoirs qui le portent à assister de la sorte chaque département de la France.

En effet, depuis que la Martinique est devenue la propriété de la France, le Trésor colonial y a toujours été l'hôtel de la Monnaie. L'Etat y faisait verser, chaque année, environ quatre millions en monnaie française d'or et d'argent que ses navires de guerre y apportaient sans frais, et qui lui servaient à faire face à ses services locaux.

C'est donc le Trésor seul qui jusqu'ici versait l'or et l'argent français dans le pays. Ce numéraire se répandait chaque mois, époque des paiements, dans la circulation où il était immédiatement recueilli par le commerce pour ses remises, et par conséquent sans avantage aucun pour cette circulation qu'il n'enrichissait pas et qui était toujours réduite à ses monnaies étrangères qu'apportaient ceux qui venaient s'approvisionner dans la Colonie ou acheter ses produits.

Cette rareté de numéraire, véritable danger pour les affaires en général et en particulier pour le fonctionnement d'un établissement de crédit, était de nature à fixer l'attention de ceux qui étaient appelés à le créer et qui en comprenaient toute la nécessité. Aussi voyons-nous le pouvoir métropolitain et les deux rapporteurs du projet de loi des Banques coloniales s'en préoccuper vivement dans l'étude des motifs de la loi du 11 juillet 1851 qui, dans ses dispositions essentielles, permet aux Banques coloniales de mettre en billets dans la circulation le triple de leur encaisse métallique, en les obligeant en même temps à les rembourser à vue.

Dans l'exposé des motifs de cette loi, le Gouvernement a le premier reconnu et signalé deux causes qui devaient en rendre l'exécution difficile :

La première « provenant des conséquences du régime économique des « Colonies qui est d'y maintenir une rareté presque constante de numéraire. »

Et la seconde « des difficultés contre lesquelles auraient à lutter les Banques « coloniales avec le remboursement à présentation, à cause de la tendance « qu'a le numéraire à sortir de nos Colonies pour aller vers les centres voisins « qui ne peuvent effectuer en marchandises le retour de leurs transactions avec « elles.

A son tour, M. le conseiller d'Etat H. Say, dans son rapport au Conseil d'Etat sur le projet de loi, indique aussi que « l'exportation du numéraire con- « tinuera d'avoir lieu des Colonies comme par le passé, et cela dans une cer- « taine mesure, parce qu'elle est une conséquence forcée du système commer- « cial qui les régit. »

D'un autre côté, ajoute-t-il, « le Ministre de la Marine envoie annuelle- « ment aux Colonies onze à treize millions pour parfaire à l'insuffisance des re- « venus locaux publics et pour le paiement des frais d'administration.

« Le mouvement d'exportation des espèces n'est pas de nature à donner « d'inquiétudes sérieuses relativement aux opérations de la Banque, et il n'est « pas hors de propos de mentionner ici que la circulation des billets sera pro- « bablement, par la force même des choses, dans des proportions modérées re- « lativement au capital des Banques. »

Enfin M. Chégaray, dans son important travail au nom de la Commission parlementaire, s'exprime ainsi :

« Tout le monde sait d'ailleurs que, par la force des choses, l'exportation « du numéraire a son correctif nécessaire : 1º dans les introductions de métaux « précieux perpétuellement faites par la Métropole pour solder la balance de « son commerce avec les Colonies et alimenter les services publics ; 2º dans la « prime de un et demi pour cent offerte aux monnaies d'or espagnoles, prime « qui retient dans nos Antilles surtout une masse importante de doublons, parce

« qu'ils s'y reçoivent couramment au prix de 86 fr. 40 c., tandis qu'ils ne valent
« ailleurs que 82 ou 84 francs. »

Ainsi ceux qui ont préparé les motifs de cette loi sont demeurés tous d'accord
que c'est à l'Etat qu'incombe la charge de pourvoir la Colonie de numéraire,
comme il le fait pour tous les autres départements de la France.

Une dernière considération le prouve encore : l'article 139 du décret
financier du 26 septembre 1855 et les instructions ministérielles du 15 avril 1856
lui en font une obligation.

Et n'est-ce pas aussi sur les ressources que l'Etat offrait chaque année aux
Colonies par l'envoi qu'il y faisait de sommes importantes, que le législateur
avait basé le remboursement par les Banques de leurs billets en espèces ?

Concluons donc de ce qui précède que l'Etat, qui a la charge d'introduire
le numéraire à la Martinique, doit continuer à le faire, s'il ne veut jeter le
trouble et la perturbation dans le pays, et surtout paralyser la Banque dans ses
opérations.

La Banque fonctionne-t-elle actuellement conformément à ces bases qui lui
avaient été préparées ? On va en juger !

Depuis la promulgation à la Martinique du décret du 23 avril 1855 qui a
démonétisé dans notre Colonie et dans celle de la Guadeloupe les monnaies
étrangères, le pouvoir métropolitain avait toujours aidé la Banque à sauvegar-
der son encaisse et à rembourser ses billets.

Nous avons vu plus haut qu'il lui avait fait avoir le concours de la Banque
de France et de la Caisse des dépôts et consignations; et plus tard, cette première ressource étant devenue insuffisante, celui du Comptoir d'Escompte de
Paris dont les relations se continuent jusqu'à présent. De plus, le Ministère avait
autorisé la Banque à comprendre dans son encaisse les quadruples de toute
origine pour leur valeur intrinsèque de 81 fr. 51 c.

Mais les choses ont changé depuis ! Par une dépêche du 13 juin 1856,
le Ministère a prescrit à notre Etablissement de crédit de faire disparaître

progressivement de son encaisse les monnaies étrangères. Celle du 16 septembre suivant est encore plus pressante : « Vous voudrez bien, dit-elle, engager le « Directeur à persévérer dans ses efforts pour accroître son encaisse en mon- « naies françaises ; il faudrait que, dans un très-bref délai, elles en formassent « au moins la moitié. »

Ces dernières instructions ont été encore aggravées. Aux termes d'une dépêche du 15 juillet 1867 l'encaisse de la Banque doit être composée *exclusivement de numéraire français*.

La tolérance accordée lui a cependant été continuée, sous la condition expresse que notre Etablissement de crédit, pour en jouir, devrait continuer, comme il l'a fait jusqu'à ce jour, à rembourser au Trésor et au public ses billets en espèces françaises. Mais le Gouverneur peut la faire cesser ou la réduire, s'il reconnaît qu'elle cause des abus ou des embarras. Par suite, les quadruples que la Banque possédait ont continué à faire partie de son encaisse qui, au 31 octobre 1875, se composait de monnaies étrangères pour une somme de 692,479 fr. 27 c. contre 1,112,413 fr. 70 c. de monnaies françaises. Néanmoins, d'après les prescriptions de la dépêche du 15 juillet 1867, la Banque étant obligée de convertir ses quadruples en numéraire français, son Conseil d'administration a décidé qu'ils seront échangés contre de l'or et de l'argent français. Cet échange ne s'accomplira pas facilement, les doublons étant peu demandés dans le commerce, par la raison que la Banque est toujours tenue de rembourser ses billets en monnaies françaises.

Bien que son encaisse se fût appauvri, à la date du 31 octobre 1875, par suite de remboursements récents effectués au Trésor, on doit admettre qu'elle est en moyenne de 2,000,000 et sa circulation de billets de 5,000,000.

Il ne lui faut, chaque mois, d'après le relevé des deux dernières années, pour ses remboursements, que 217,000 francs environ de monnaies françaises. Donc la présence dans son encaisse des espèces étrangères ne pourra jamais lui occasionner le moindre embarras.

En outre, quand elle délivre des mandats contre ses billets sur le Comptoir d'Escompte, n'est-ce pas la même chose que si elle les payait en France ? Eh bien ! du 1er juillet 1874 au 30 juin 1875, elle en a fourni pour une somme de 5,307,372 fr. 15 c. pour lesquels elle a payé au Comptoir, pour intérêts et commissions, la somme importante de 202,735 fr. 75 c. Le Pouvoir n'a donc rien à craindre pour le remboursement, fût-il même d'un tiers des billets en circulation; il peut dès lors maintenir sa tolérance envers la Banque pour les monnaies étrangères qu'elle a dans ses coffres.

Enfin pour que la Banque continue à jouir de cette tolérance et pour la justifier au besoin, nous pourrions invoquer ce qui se passe à la Banque de France. Tout le monde sait que l'encaisse de ce grand établissement de crédit ne se compose pas seulement de numéraire, mais aussi de lingots qui ont la même valeur que le numéraire. Pourquoi notre Banque ne serait-elle pas autorisée à considérer aussi les doublons qu'elle a dans ses coffres comme des lingots, puisqu'ils ne sont compris dans son encaisse que pour leur valeur intrinsèque de 81 fr. 51 c.? Ce qui est vrai pour la Banque de France ne le serait-il pas pour notre Banque?

Les prescriptions ministérielles que nous venons de rappeler ont eu pour effet d'augmenter sensiblement les sacrifices que s'impose la Banque chaque année, en faisant venir du numéraire en or et en argent français pour maintenir l'équilibre entre son encaisse et la circulation de ses billets. Aussi, sans chercher à comprendre les causes ni les motifs qui ont amené ces exigences du Pouvoir vis-à-vis de la Banque, nous empressons-nous d'en signaler le danger, comme l'a fait M. le Directeur intérimaire dans son compte rendu de 1874-1875, où il constate qu'il a été versé au Trésor par la Banque, dans l'année qui vient de s'écouler, près d'un million de numéraire dont plus des neuf dixièmes en or et pièces d'argent de 5 francs en faisant remarquer « qu'à une époque antérieure, « lorsque l'encaisse de la Banque n'était pas dans un rapport statutaire avec « ses billets en circulation, c'était le Trésor qui lui offrait et lui donnait « du numéraire pour l'aider à s'équilibrer. »

Disons-le à regret, depuis 1870 la Métropole n'envoie plus de numéraire à la Martinique. Elle se contente d'y introduire des traites qui ne se délivrent qu'en échange de numéraire français, ce qui en augmente la rareté.

Elle va plus loin ; pour attirer plus rapidement les pièces de 5 francs dans ses coffres, elle a autorisé cette année la délivrance de mandats de poste sur le Caissier central du Trésor, payables à vue, et dont la valeur n'excède pas, il est vrai, 300 francs par demande. Mais le même individu, à l'aide de deux ou trois amis complaisants, ne peut-il pas s'en faire délivrer pour neuf et douze cents francs? La pièce de 5 francs devient encore plus rare et s'exporte sur une plus grande échelle.

Etait-ce là ce que laissaient espérer les motifs du projet de loi du 11 juillet 1851 et les rapports du Conseil d'Etat et de la Commission parlementaire qui trouvaient le correctif du remboursement des billets en espèces dans l'introduction de numéraire que faisait chaque année à la Martinique le Pouvoir métropolitain pour satisfaire à ses services locaux.

Si le Gouvernement persiste dans son refus d'envoyer du numéraire à la Martinique, la prime de deux pour cent qui existe en ce moment sur l'or et les pièces d'argent de 5 francs augmentera; la circulation s'appauvrira de plus en plus; la différence de valeur entre le billet de banque et ce numéraire sera plus forte et elle s'accentuera davantage au fur et à mesure que cette prime s'élèvera; la monnaie divisionnaire elle-même, c'est-à-dire les pièces de 50 centimes, 1 franc et de 2 francs viendront aussi à prime ; la Banque éprouvera plus de difficultés à former son encaisse ; le remboursement de ses billets en espèces françaises n'aura plus lieu; ils auront cours forcé et le discrédit dont ils seront frappés fera revivre la crise monétaire et les mauvais jours de 1855!...

Et d'où serait venu le mal? Hélas! il faudrait bien le reconnaître, du fait des fondateurs de notre Etablissement de crédit, qui lui auraient enlevé successivement toutes les ressources qu'ils avaient eux-mêmes fait valoir en sa faveur dans le projet de loi du 11 juillet 1851 pour son fonctionnement, sa sécurité et son succès.

Mais espérons avec le Directeur intérimaire, qui en exprime le vœu dans son compte rendu de l'exercice 1874-1875, que le Pouvoir métropolitain qui s'occupe en ce moment de cette question monétaire, reconnaîtra qu'il serait dangereux de faire des réformes sur des faits établis de temps immémorial et que le Ministère de la Marine continuera à pourvoir la Colonie, comme il l'avait toujours fait, du numéraire nécessaire au paiement de ses services locaux.

Nous arrivons maintenant au troisième point que nous avons à traiter.

III

DE LA CIRCULATION DU NUMÉRAIRE A LA MARTINIQUE

Pour que cette circulation puisse exister, il faut d'abord que le numéraire soit introduit dans la Colonie, et nous venons de voir que c'est la Métropole seule qui en a la charge.

Aujourd'hui, cette alimentation a lieu seulement par notre Etablissement de crédit en paiement des valeurs qu'il escompte et des prêts de toutes sortes qu'il réalise. C'est lui qui fournit, chaque semaine, les monnaies dont la campagne a besoin pour payer ses travaux et ses salaires. La Banque est le réservoir général, la source où tout le monde vient puiser. Ses bureaux sont toujours ouverts pour le remboursement de ses billets au public comme à l'Etat, quand celui-ci reçoit dans ses coffres, par la perception des impôts, une quantité de billets excédant la limite fixée par les instructions ministérielles.

Mais pour satisfaire à tous ces besoins, où donc notre Etablissement de crédit doit-il trouver le numéraire nécessaire à son encaisse ?

Les économistes répondent pour nous : « Dans la circulation du milieu où elle se meut. »

C'est donc dans la Colonie, comme la Banque de France dans la Métropole, que notre Banque doit composer son encaisse, et, par suite, c'est l'Etat qui, à la Martinique comme en France, doit verser le numéraire dans la circulation.

Ce principe posé, cherchons les moyens de constituer cette circulation monétaire et de la maintenir.

Deux obstacles sérieux se présentent :

En premier lieu, la limite fixée par l'Etat pour le remboursement des billets de la Banque qu'il reçoit dans ses coffres.

Ensuite, le décret du 23 avril 1855 de démonétisation qui a chassé du pays toutes les monnaies étrangères.

On ne s'explique pas la limite que l'Administration a mise en effet aux billets de notre Etablissement de crédit que le Trésor reçoit dans ses coffres. Deux dépêches ministérielles des 10 et 15 février 1860 lui interdisent d'en accepter pour une somme excédant le quart de son encaisse métallique. Cette prescription a sans doute pour objet de prémunir le Trésor contre tout danger de non remboursement. Mais il est difficile d'en comprendre la logique. Comment ? c'est un porteur de billets, c'est-à-dire un créancier qui cherche la solvabilité de son débiteur, non pas dans l'importance de ce que celui-ci possède dans ses caisses, mais bien dans ce que, lui créancier, peut avoir dans les siennes ! De telle sorte que si l'encaisse du Trésor était de huit millions, la limite posée étant le quart de cette encaisse, soit deux millions, l'Etat pourrait garder par devers lui deux millions de billets, alors que la Banque n'aurait par exemple que quinze cent mille francs dans ses caisses.

Et si, d'un autre côté, l'encaisse du Trésor était tellement réduit qu'il n'eût dans ses coffres que quatre cent mille francs en numéraire, il ne serait tenu de garder que cent mille francs en billets de banque.

N'est-ce pas plutôt l'encaisse métallique de la Banque qui devrait être la régulatrice et la garantie du remboursement de ses billets pour le Trésor comme pour les particuliers ?

La Banque émet, il est vrai, en papier, le triple de cette encaisse, mais cette opération n'est pas arbitraire : elle n'est pas le résultat du bon plaisir, de la volonté ou du caprice. Ce sont les leçons de l'expérience qui l'ont fait reconnaître et l'ont prescrite. Elle est adoptée par tous les grands établissements de crédit de l'Europe. La Banque de France, la Banque d'Angleterre, les Banques d'Allemagne ne fonctionnent pas autrement. Toutes ces Banques émettent en billets dans la circulation le triple de leur encaisse. Aussi ont-elles servi de modèle aux législateurs de nos Banques coloniales.

Quelle est donc la raison de cette base ? La voici. La pratique des affaires a fait reconnaître qu'une circulation en papier, égale au triple de l'encaisse, n'expose jamais une Banque à aucun danger, parce qu'elle ne peut jamais être appelée à payer plus d'un tiers des billets émis ; les deux autres tiers restent forcément dans la circulation pour les besoins de chacun, le vide ne pouvant se produire d'une manière absolue.

Qu'on nous permette ici une importante observation : la Banque fonctionne, comme on l'a vu plus haut, depuis janvier 1853, et, depuis ce moment jusqu'en 1860, aucune limite n'avait été posée à ses billets dans les coffres du Trésor ; on n'en avait jamais reconnu l'utilité. Elle a traversé les mauvais jours de 1855 où ses billets avaient reçu, par la force des choses, le cours forcé. En certains moments, ses billets se sont agglomérés dans les coffres du Trésor pour un chiffre de dix-huit cent mille francs, et l'Etat n'en a jamais éprouvé le moindre préjudice. Ainsi, c'est bien longtemps après sa création que, sans cause et sans raison aucune, le Pouvoir se montre rigoureux !

Pourtant notre Banque compte vingt-trois années d'existence. Son administration a toujours inspiré confiance et sécurité aux porteurs de ses billets. C'est la seule de toutes celles créées en même temps qu'elle qui ait pu atteindre les 1,500,000 francs de son fonds de réserve. Son capital et sa réserve sont placés en rentes sur l'Etat. C'est la seule aussi dont les actions soient montées à 1,200 francs. Ne sont-ce pas là des garanties suffisantes pour l'Etat comme pour les particuliers ?

L'aveu d'un agent important du Pouvoir, M. le Trésorier-payeur de la colonie, nous apprend qu'il existe dans les coffres du Trésor, à l'heure où nous écrivons, une somme en monnaies françaises d'or et d'argent de plus de deux millions, ce qui rend inutile, selon l'expression de ce fonctionnaire, l'introduction par l'Etat de numéraire dans la Colonie. Quoi ! le Trésor a dans ses coffres plus de deux millions en monnaies françaises, et, néanmoins, il demande à la Banque, en ce moment même, un remboursement de cent mille francs. Cette réclamation pourrait paraître exigeante, si l'on considère dans quelles circonstances les remboursements se produisent habituellement. L'expérience leur assigne deux causes : le besoin réel de numéraire, ou la peur et la méfiance. Quel est le motif qui fait agir l'Administration ?

Aujourd'hui qu'on cherche en tout l'assimilation des Colonies à la France, pourquoi crée-t-on une exception à notre Banque, en lui demandant de faire ce qui n'a jamais été demandé à la Banque de France ?

Nous savons tous qu'aucune limite en faveur du Trésor n'a jamais été imposée aux billets de notre Etablissement national qui n'a non plus jamais été soumis à aucun remboursement de ses billets envers l'État. Avant 1848, ses billets n'avaient ni cours légal ni cours forcé ; néanmoins ils inspiraient confiance à l'État comme aux particuliers. En France, comme à l'étranger, ils étaient reçus dans les affaires sans la moindre hésitation ; on les acceptait et on les donnait en paiement avec la même facilité. Quand la révolution de 1848 jeta en France le trouble et l'inquiétude, la panique était partout, et l'État qui n'avait nul souci de voir les billets de banque s'agglomérer dans ses coffres, leur donna le cours légal pour les retenir dans la circulation, et plus tard le cours forcé pour arrêter les demandes de remboursements qui menaçaient d'épuiser l'encaisse de la Banque ; mais quand la crise se fut apaisée et que la confiance fut revenue, le cours forcé fut supprimé et le cours légal qui existe encore aujourd'hui fut maintenu.

Faudrait-il pour cela supprimer toute limite de remboursement envers l'État ? Nous ne le pensons pas. Dans notre petit pays où les causes de mésintelligence sont si fréquentes, l'absence de limite serait de nature à engendrer des difficultés, car les demandes de remboursement pourraient prendre un caractère agressif et se produire arbitrairement pour la totalité des billets de banque que le Trésor aurait dans ses coffres.

Ce danger justifie la nécessité d'une limite offrant toute sécurité au Trésor et toute tranquillité à la Banque. Que l'État garde donc dans ses coffres en billets une somme égale à l'encaisse métallique de notre Banque.

A la gêne que lui occasionne la limite actuelle prescrite à nos billets par le Trésor, viennent s'ajouter les embarras qu'elle éprouve de la démonétisation des monnaies étrangères.

Ainsi réduite à ses seules ressources, elle est obligée de faire venir du numéraire de France et d'avoir recours au Comptoir d'Escompte sur lequel elle délivre, à bureaux ouverts, des mandats au commerce et à tous ceux qui en réclament. Non-seulement ces opérations lui imposent de très-lourds sacrifices, mais encore elles l'exposent à enfreindre ses statuts en élevant ses dettes à un chiffre excédant la limite légale.

Cette irrégularité a été signalée par la Commission de surveillance, et un de ses membres éclairés espère en avoir trouvé la solution, au moyen d'une combinaison qu'il indique. Son travail est soumis en ce moment à l'appréciation des Banques coloniales que le Ministère de la Marine a consultées à cet effet.

Il ressort des calculs faits à l'endroit des deux Banques de la Guadeloupe et de la Martinique, dans une période de cinq ans, — du 30 juin 1870 au 31 décembre 1874, — qu'il eût suffi à ces deux banques, pour demeurer en dedans de la limite légale du montant de leurs dettes, que cette limite se trouvât élargie d'un peu plus de quatre millions.

Or, cette quantité serait justement produite par l'attribution aux Banques coloniales du droit stipulé par le décret du 21 janvier 1875 au profit de la Banque de l'Indo-Chine, de porter le montant de ses dettes au triple du capital social et des réserves.

Le fond de réserve de chacune de nos deux banques s'élevant au maximum à 1,500,000 francs, l'extension qu'il autoriserait atteindrait 4,500,000 francs puisque le capital de chacune d'elles est de 3,000,000 de francs.

En conséquence M. Chanel, auteur de la proposition, et l'un des membres de notre délégation coloniale, a proposé à ses collègues de la Commission de surveillance des Banques coloniales, qui l'ont accepté, de faire soumettre au Chef de l'État un décret qui serait ainsi conçu :

Art. 1er.

Les Banques coloniales sont autorisées à ajouter leurs fonds de réserve à leur capital social pour former la base du calcul de la limite du montant cumulé de leurs dettes.

En conséquence.

Le § 6 de l'article 4 de la loi du 24 juin 1874 est modifié ainsi qu'il suit :

« Le montant cumulé des billets en circulation, des comptes courants et des

« autres dettes desdites Banques, ne peut excéder le triple de leur capital social et
« de leur fonds de réserve, à moins que la contre-valeur des comptes courants
« et des autres dettes ne soit représentée par du numéraire venant en augmen-
« tation de l'encaisse métallique. »

La conséquence du moyen indiqué par la Commission de surveillance est de faire rentrer les Banques dans leurs statuts et d'élargir en même temps leur crédit.

Ce moyen est très-bon au point de vue légal, mais il aggravera encore la situation pécuniaire, puisqu'en usant de cet excédant de crédit au Comptoir, les Banques creuseront davantage dans la dette et augmenteront leurs charges.

C'est alors que la démonétisation des monnaies étrangères serait plus funeste aux deux Colonies où le décret du 23 avril 1855 a été publié.

La Colonie de la Réunion, notre sœur de la mer des Indes, en a été heureusement préservée, comme nous l'avons dit dans la première partie de ce travail.

Aussi, dans cette Colonie, la Banque se trouvant abritée d'un rempart de monnaies diverses dont la surhausse va de huit à quinze pour cent, et, avoisinée d'une agence du Comptoir d'Escompte qui émet d'abondantes traites, a pu résoudre le double et difficile problème de ne pas rembourser ses billets et de ne pas fournir de mandats sur la France.

En voici la preuve :

Durant un exercice du milieu de la période analysée plus haut, l'exercice 1871-1872, les tirages des mandats sur la France ont été :

Pour la Banque de la Guadeloupe de................ 17,973,497 fr.
Pour celle de la Martinique de..................... 5,676,362
Et pour celle de la Réunion seulement de........... 974,831

Cette situation unique a été du reste une heureuse fortune pour la Banque de la Réunion ainsi que pour la Colonie elle-même, qui parcourt une série non achevée d'années néfastes pour son agriculture.

A toutes les mauvaises chances que nous venons de signaler pour notre Banque, le pouvoir local en ajoute une autre purement arbitraire. Il réclame d'elle le remboursement de ses billets dont il est porteur *en or et pièces de 5 francs en argent.*

Cette monnaie, étant à prime de 2 %, et plus, disparaît de la circulation aussitôt qu'elle y tombe et est exportée : la circulation en est privée et l'État n'en tire aucun profit.

Comment expliquer ce privilége créé à son profit par celui-là même qui nous doit assistance et protection ? Si le public ne touche aux guichets de l'établissement que de la monnaie divisionnaire et jamais ni or ni pièces de 5 francs, pourquoi le Trésor exige-t-il cette dernière monnaie à l'exclusion de toutes autres ?

L'autorité peut-elle méconnaître ainsi ce principe élémentaire : qu'une Banque ne peut rembourser ses billets qu'avec les espèces qu'elle puise dans la circulation ! Si encore l'État, comme autrefois, introduisait dans le pays cet or et cet argent qu'il réclame de la Banque, ce privilége s'expliquerait, mais il ne se comprend pas dans l'état actuel des choses.

Mieux vaudrait pour notre Banque recourir à la faculté que la dépêche ministérielle du 29 janvier 1874 lui laisse, de verser à Paris la contre-valeur de ses billets excédant ici les besoins ou le quart du numéraire du Trésor. Elle s'exonérerait ainsi des assurances, des risques de voyage d'espèces et des frais de toute sorte qu'elle supporte en faisant venir du numéraire et elle épargnerait à ses caisses les saignées périodiques que l'État lui impose et qui rendent plus sensible encore la différence entre sa circulation d'espèces et son encaisse.

Souhaitons donc que l'État, revenant à son principe, consente à introduire dans notre Colonie, comme précédemment, le numéraire qui est indispensable à ses propres besoins.

Ce premier bienfait obtenu, qu'il reconnaisse l'utilité et la raison d'une limite de remboursement en rapport avec l'encaisse métallique de la Banque, et qu'il permette enfin à notre Établissement de crédit de bénéficier d'une partie des avantages dont jouit la Banque de la Réunion par le numéraire étranger; ce serait le complément nécessaire au maintien de notre circulation monétaire.

Que faudrait-il pour cela ?

Que notre Etablissement de crédit fût autorisé à accepter en recette, à donner en paiement et à comprendre dans son encaisse, au cours du change, les monnaies métalliques ci-après :

MONNAIES D'OR.

Les aigles américaines. — Les quadruples de toute sorte. — Les souverains anglais.

MONNAIES D'ARGENT.

Les aigles américaines. — Les piastres mexicaines et autres. — Les shillings anglais.

La fixation pratique du cours du change ne rencontrerait aucune difficulté.

Dans le début, elle pourrait être basée sur les bulletins de change de la Barbade et de Saint-Thomas, et bientôt, sur la place de Saint-Pierre même, comme sur toute place de commerce, le change se règlerait de lui-même, d'après l'abondance ou la rareté des espèces métalliques de chaque sorte.

Les opérations de change pourraient être aussi pour la Banque un élément complémentaire de bénéfices.

Elles lui permettraient de donner la vie et le mouvement au § 9 introduit par la nouvelle loi des Banques du 24 juin 1874 dans ses nouveaux statuts (art. 10), qui comprend dans les opérations de la Banque *le commerce des métaux précieux monnayés ou non monnayés*, sans quoi, cette disposition législative reste à l'état de lettre morte et ne peut jamais s'utiliser.

Notre Colonie tout entière profiterait de cette amélioration.

L'animation que donnerait aux marchés des sucres l'achat de cette denrée, au moyen de cette circulation monétaire étrangère, appellerait la concurrence des acheteurs et lui rendrait un prix rémunérateur.

La propriété immobilière se relèverait et obtiendrait la stabilité qui constitue sa valeur réelle.

L'application de ces principes viendrait, en un mot, compléter l'ensemble de notre régime commercial actuel. Nous jouissons, depuis bientôt dix ans, du double droit d'exporter, par tous pavillons et sur tous les points, les produits de notre sol et de notre industrie et de recevoir, dans les mêmes conditions, les marchandises de toutes provenances. Nous avons secoué le joug des restrictions douanières ; nous avons proclamé l'égalité des pavillons ; nous sommes entrés en possession d'une liberté de commerce qui nous place sur la même ligne que les colonies les plus actives de la mer des Antilles. Comme elles, nous pouvons appeler dans nos ports les navires de toutes les nations, nous pouvons offrir les avantages de notre marché aux caboteurs du golfe du Mexique, des côtes du Vénézuela et des autres contrées nos voisines ; mieux qu'aucune d'elles, nous appelons les marins et les commerçants de ces différents points par notre position géographique et les ressources considérables dont nous disposons. Et cependant seule, entre toutes ces colonies, nous proscrivons les monnaies autres que les nôtres ; seule, nous conservons à notre monnaie nationale le privilége, mieux que cela, le monopole de la circulation ! N'y a-t-il pas dans ce fait une anomalie étrange, une de ces déviations aux règles connues et établies qui étonne l'observateur et déconcerte l'économiste ? Au milieu de toutes les libertés dont se compose notre régime commercial actuel, comment expliquer le privilége ainsi conservé à l'argent, au moteur de toutes choses, à l'élément essentiel de la vie sociale ? Si notre affranchissement commercial n'a pas jusqu'ici donné la somme complète des résultats fructueux auxquels on était en droit de s'attendre, ne faut-il pas quelque peu s'en prendre à cette restriction qui, par ses conséquences, paralyse en quelque sorte toutes les autres immunités ? Qu'on la supprime, et on verra se développer, et au-delà même de ce qu'on peut espérer, les avantages dont la nature a si heureusement doué notre Colonie ; elle deviendra l'entrepôt général des Antilles.

Après ce tableau des avantages qu'obtiendrait notre Colonie de la réparation du préjudice causé à notre circulation monétaire, nous terminerons par un tableau succinct de tous les maux qu'elle endure aujourd'hui.

Lorsque le Trésor demande un remboursement considérable des billets de la Banque, l'encaisse métallique se réduisant aussitôt et la possibilité de la reconstituer au même moment n'existant pas, il faut, pour rétablir l'équilibre, réduire brusquement l'escompte et arrêter ainsi le mouvement général des affaires.

Que ces brusques nécessités causent des pertes à notre agriculture et de la gêne à notre commerce, surtout lorsqu'elles viennent s'ajouter aux crises qui pèsent si souvent sur le pays ! L'habitant ne peut utiliser son crédit à la Banque, ses prévisions sont détruites et ses travaux ne s'accomplissant plus en temps voulu, le laissent avec ses espérances déçues.

Le négociant, de son côté, avec son portefeuille de valeurs courantes, se voit paralysé et réduit à de pénibles sacrifices pour satisfaire à ses engagements.

N'en est-ce pas assez pour faire comprendre jusqu'à quel point il est utile et indispensable d'obtenir du Gouvernement métropolitain, tant par l'intermédiaire bienveillant du Gouvernement local que par l'entremise de nos Délégués à Paris, le secours dont nous venons d'exprimer le désir et qui doit être si utile à tous et en particulier à la Banque :

1° Que la métropole pourvoie comme autrefois, par l'introduction d'espèces monnayées d'or et d'argent, à la circulation du numéraire à la Martinique;

2° Que le Trésor soit autorisé à garder dans ses coffres une somme en billets égale à l'encaisse métallique de la Banque.

3° Et que les monnaies que nous apporteraient les étrangers, presque seuls acheteurs de nos sucres aujourd'hui, soient admises à former l'encaisse métallique de la Banque, au cours qu'elles ont sur les principaux marchés des colonies environnantes.

Saint-Pierre (Martinique), 4 décembre 1875.

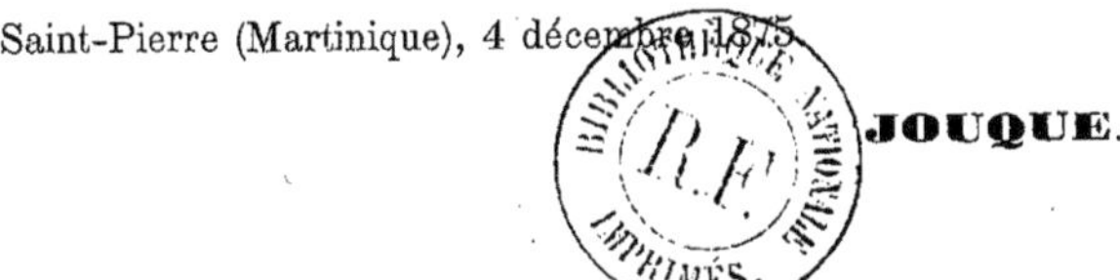

JOUQUE.

727.76. — Boulogne (Seine). — Imprimerie Jules Boyer. — Administration : 11, rue Neuve-Saint-Augustin, à Paris.

9 782019 973544